비즈니스 사고의 근육을 성장시키는
스타트업 핵심 용어 135가지

Startup
Terms 135
to Build Your
Muscles of
Business
Thinking

비즈니스 사고의 근육을 성장시키는
스타트업 핵심 용어 135가지

지은이 **이무중**

좋은땅

지금도 고군분투하고 있을 세상의 모든 대표님들,
비즈니스 성공을 응원합니다.

책을 내면서

청창사 출신, 팁스 선정 스타트업부터 법률, 의료, 에너지, 뷰티 등 다양한 분야의 기업
까지. 스몰브랜드를 운영하시는 대표님들 주머니 사정에 맞게 브랜딩/광고/마케팅 등
살림살이를 수년간 도맡아 하며 느낀 건, 디렉팅을 잘 주시는 분 그리고 피드백을 잘 주
시는 분이 굉장히 드물다는 거예요.

간단한 비즈니스 분야부터 광고 마케팅, 디자인까지 관련 용어를 알면 하나하나 알려
드리는 시간이 줄기 때문에 프로젝트의 진행도 좀 더 효율적으로 속도감 있게 진행될
수 있고요. 또한 피드백이나 디렉팅을 좀 더 잘 주시게 되면, 결국엔 함께 일하는 파트
너사나 대행사도 더욱 시너지를 낼 수 있게 되죠.

광고 마케팅 살림꾼으로 수년간 일하면서 대표님들이 이런 용어를 아시면 비즈니스를
운영해 감에 있어 좀 더 탄력이 생기지 않을까란 생각이 들었어요.

그래서 이렇게, 학부 시절부터 배웠던 그리고 실무를 하며 경험했던 스타트업 비즈니
스 핵심 용어 135가지를 정리하게 되었답니다.

목차

스타트업 분류

세계
첨단 기술의 메카
실리콘밸리에서
신생 기업들이
스타트업으로
불리기 시작했다.

스타트업 (Startup)

설립한 지 오래되지 않은 신생 기업을 말하며, 성장 가능성이
높은 기술 기반 시장에서 활동하는 것이 보통이고 대개
투자를 받아 초기 비용을 충당한다.

국가적으로도
기술 역량 확보가
중요한 이슈인 만큼
건강한 **벤처기업**
생태계 구축은
어느 때보다 중요하다.

②

벤처기업 (Venture Company)

모험이란 벤처의 사전적 의미에서도 알 수 있듯이 창조적인
아이디어·기술 기반 비즈니스를 운영하는 기업으로, 초기엔
연구 개발·상용화에 주력한다.

수입의존도 90% 이상인 국내 에너지 분야 안보를 위해 에너지 **와일드캣** 육성을 계획 중이다.

와일드캣 (Wild Cat)

불확실성이 크지만 성공 시 막대한 이익이 예상되는 비즈니스나 스타트업을, 어디로 튈지 모르는 들고양이에 빗대어 표현한 용어다.

신선식품 유통 스타트업 오아시스는 **유니콘**이 된 이후 마켓컬리보다 먼저 이커머스 1호 상장 타이틀을 가지려 한다.

④

유니콘 (Unicorn Company)

기업 가치가 10억 달러, 즉 한화 기준 1조원 이상인 비상장 스타트업을 전설 속 동물 유니콘에 비유하여 지칭하는 말로, 특정 시장 내 1위가 될 가능성이 높다.

소프트뱅크
비전펀드로부터
2조 원 투자 유치에
성공한 야놀자가,
단숨에
데카콘으로 올라섰다.

⑤

데카콘 (Decacorn Company)

기업 가치가 100달러, 한화 기준 약 10조 원 이상으로
평가받는 비상장 스타트업으로 시리즈 D, E, F 등의
대규모 투자 유치를 받는 경우가 많다.

경력 단절 여성 대상, AI 기술로 일자리를 매칭해 주던 스타트업이 최근 **소셜벤처**로 인정받았다.

소셜벤처 (Social Venture)

환경, 교육, 복지 등 사회문제 해결을 목표로 하면서 혁신 기술 또는 비즈니스 모델을 통해 수익 극대화도 추구하는 스타트업을 말한다.

비즈니스 기본

애플, 구글, 페이스북,
마이크로소프트,
넷플릭스, 이베이,
어도비 모두
이웃인 지역이 바로
실리콘밸리다.

실리콘밸리 (Silicon Valley)

실리콘 칩 제조사들이 있던 초기 대비, 이후 엔지니어,
투자자, 사업가들이 몰려들며 성공 신화를 이룩하자, 글로벌
기술혁신의 상징이 되었다.

직방의 전신,
소셜 커머스 플랫폼
포스트딜은
당시 혁신적이었지만
PMF가
맞지 않음을 깨달았다.

⑧

PMF (Product · Market Fit)

제품 · 서비스가 수요가 있는지의 정도로, 옷에 비유하자면
'청바지 Fit'이 괜찮은지 피팅룸에 가는 행위가 바로 'PMF 검증
과정'과 같다.

초기 스타트업의 **번레이트**가 높다는 건 회사의 생존이 위태로움을 의미한다.

⑨

번레이트 (Burn Rate)

기업이 자금을 얼마나 빠르게 소진하는지 나타내는 지표로,
적자액과 재무 건정성을 파악하는 데 중요한 역할을 한다.

규제 혁신을 통해서 스타트업이 **스케일업**은 물론 해외 진출이 가능하도록 지원할 예정이다.

⑩

스케일업 (Scale-up)

이미 제품이나 서비스를 출시하고 안정적인 매출을 올리고 있는 스타트업이 더 큰 규모의 수익을 추구하기 위해 규모를 확장하는 것을 말한다.

스마트폰의 어플처럼 보완재 생태계를 구축하지 못하면 **캐즘**에 빠져 얼리어답터의 전유물로만 남게 된다.

캐즘 (Chasm)

신제품이 대중화되기 전 일시적으로 수요가 정체되는 단절 현상을 말하며, 스마트폰도 10년의 캐즘을 겪고 나서야 대중화되기 시작했다.

토털 인테리어 플랫폼을 목표로 했던 오늘의 집은 인테리어 사례 큐레이션 서비스를 MVP로 설정했다.

MVP (Minimum Viable Product)

최소한의 자원과 노력으로 만들어진 제품·서비스로, 제조업 대비 소프트웨어 기반 스타트업에게 MVP 개발 및 테스트가 더 용이한 점은 참고할 부분이다.

개발자들끼리
창업한
초기 스타트업이
일반적으로
애크하이어 대상이
되곤 한다.

애크하이어 (Acquhire)

인수의 'Acquire'와 채용의 'Hire'를 합성한 것으로, 자금력이 풍부한 회사들이 스타트업 인수를 통해 뛰어난 개발 인력을 흡수하는 것을 말한다.

고객 니즈를
빠르게 검증하고
제품에 반영하기 위해
스타트업들은
보통 **린방식**을
채택하는 경우가 많다.

(14)

린방식 (Lean Way)

핵심 기능을 갖춘 제품 · 서비스를 BML 즉, 생산(Build)하고
측정(Measure)과 개선점(Learn) 반영을 빠르게 반복하는 경영
방식이다.

팬데믹 기간 동안
고객들의
비대면 소비 욕구를
충족시키고자
피봇한
기업들이 많았다.

⑮

피봇 (Pivot)

기존 사업 모델이나 제품·서비스를 수정하거나 새로운
시장·고객층을 찾아 사업 방향을 전환하는 것으로, 생존을
위해 기업에겐 필수적 과정이다.

성장 단계별 투자 없이 순수하게 시장 수요 및 자체 자금만으로 J커브를 따라 성장하는 스타트업은 드물다.

J커브 (J-Curve)

사업 초기엔 수익보단 비용이 더 발생하지만, 인지도 및 유저 수가 증가하면서 수익이 급격하게 증가하는 알파벳 'J' 형태와 유사한 그래프를 의미한다.

금리 상승기로 투자 심리가 위축되자, **데스밸리**를 지나는 스타트업들의 자금경색난이 지속될 것으로 보인다.

데스밸리 (Death Valley)

초기 제품·서비스 개발 단계에서 막판 상용화 단계로 넘어가는 과정에서 겪는 인적·재정적 어려움을 험준한 미국 캘리포니아 동부 분지에 빗대어 표현함.

신규 고객 10만 명 유치라는 **마일스톤** 달성을 위해 퍼포먼스 마케팅 회사와의 미팅을 수차례 가졌다.

(18)

마일스톤 (Milestone)

제품 출시·수익 창출 등 스타트업의 성장과 발전을 나타내는 주요 이벤트를 의미하며, 투자자들에게는 성장 가능성을 확인할 수 있는 지표가 된다.

의료 분야
기술 기반
차세대 스타트업
육성을 위해
인큐베이터
프로그램을 출범했다.

인큐베이터 (Incubator)

스타트업이 창업 초기에 살아남을 수 있도록
보호하고 지원해 주는 조직을 말하며, 주로 오피스나
멘토링·교육·자금·네트워크 등을 지원한다.

비즈니스
아이디어를 쉽게
설명할 수 없다면
린캔버스를
작성해 보는 것도
좋은 방법이다.

린캔버스 (Lean Canvas)

한 페이지 사업계획서를 말하며, 문제 정의 · 타겟 · 핵심
가치 · 솔루션 · 경쟁 우위 · 비용 구조 · 수익원 · 핵심 성과
지표 · 채널 등 아홉 칸의 상자로 구성되어 있다.

임직원 대상
보상을
제공하고자
10%의 지분은
옵션풀에
남겨 두었다.

옵션풀 (Option Pool)

보통 스타트업에서 임직원 보상용으로 설정해 둔 일정
비율의 주식을 의미하며, 추후 상장하거나 인수될 시 보유한
주식만큼 이익이 제공되는 방식이다.

인재 이탈을 막고자 글로벌 진출에 꼭 필요한 개발자들에게 더 나은 조건의 **스톡옵션**을 지급했다.

㉒

스톡옵션 (Stock Option)

사내 직원들에게 제공되는 혜택 중 하나로, 자사 주식을 일정한 기간 내에 미리 정한 유리한 가격에 매수할 수 있는 권리 즉, 주식 매수 선택권을 의미한다.

시드 투자조차 없이 **부트스트래핑**으로 시작하여, 자체 수익만으로 지속 운영되는 경우도 많다.

(23)

부트스트래핑 (Bootstrapping)

초기 자금을 조달하기 어려운 스타트업이 외부 투자자가 아닌 창업자 본인의 소규모 자본으로 경영을 시작하는 것을 일컫는다.

끊임없는
이터레이션을 거쳐야
시장에 Fit한
즉, 돈이 되는
제품 · 서비스를
만들 수 있다.

(24)

이터레이션 (Iteration)

제품 · 서비스에 대한 초기 아이디어를 구체화하고, 개선하고, 수정해 가는 과정을 지속하는 것을 의미하며 쉽게 말해 MVP 개발의 순환과 반복이다.

기존 배달 시장을 **디스럽트**한 배달 어플 업체들이 팬데믹 기간 동안 폭발적인 성장을 경험했다.

25

디스럽트 (Disrupt)

새로운 아이디어·기술의 도입으로 기존 시장의 비즈니스 구조를 바꾸는 것을 의미하며 SNS 온라인 광고 성장을 견인한 인터넷 발명이 그 예다.

단순히 민간 청중 대상의 트렌드 리뷰가 아닌, 투자 활성화를 위한 실질적이고 효율적인 **데모데이**가 필요하다.

데모데이 (Demo Day)

스타트업이 개발한 신제품, 사업 모델 등을 투자자에게 공개하는 행사로, 자금을 유치하는 것이 주목적인 경우가 많다.

R&D 비용 절감과 운영 효율화를 위해 바이오 산업 **밸류체인** 내 혁신 스타트업에 투자키로 하였다.

밸류체인 (Value Chain)

제품이나 서비스가 고객에 닿기까지 이루어지는
생산·유통·마케팅·R&D 등의 전 과정을 의미하며 비즈니스
모델이나 전략에 따라 달리 구성된다.

시시각각 변하는
고객 니즈를
충족시키기 위해
계획 중심적 개발
방식을 벗어나
애자일을 도입했다.

애자일 (Agile)

제품 개발·마케팅·운영 관리 등 다양한 분야에서 빠르게
실험하고, 개선하는 방식·시스템을 뜻하며 변화에 유연하게
대처할 수 있다는 게 특징이다.

피치덱엔
현재 서비스 소개도
중요하지만,
투자 유치 후의
서비스 확장 플랜도
포함되어야 한다.

(29)

피치덱 (Pitch Deck)

스타트업이 자신들의 비즈니스 아이디어나 제품, 서비스를
소개하거나 투자 유치를 위해 사용하는 프레젠테이션 자료를
의미한다.

플랫폼 비즈니스에서 신규 고객 유치는 물론 획득한 고객을 **락인**하는 것도 중요하다.

③⓪

락인 (Lock-in)

특정 제품, 서비스를 경험한 고객이 다른 대안을 선택하기 어렵게 만들기 위해 콘텐츠, 멤버십, 이벤트, 커뮤니티 등으로 '묶어 두는 것'을 의미한다.

구체적인 **RtoB**도 없이 친환경 컨셉만을 전달하는 것은 고객을 기만하는 행위이다.

RtoB (Reason to Believe)

제품이나 서비스가 전달하고자 하는 핵심 메시지나 추구하는 컨셉에 대해 고객이 납득할 수 있는 이유 즉, 실질적인 물리적·감성적 속성이나 강점을 의미한다.

제품이나 서비스에 대한 일관되고 고유한 철학 없이는 **브랜드로열티**를 높일 수 없다.

브랜드로열티 (Brand Loyalty)

특정 브랜드에 대한 고객의 애착 정도를 말하며, 로열티가 높을수록 반복 구매는 물론 다양한 채널을 통해 긍정 메시지를 전달해 주는 조력자가 되어 준다.

방대한 데이터 처리가
필요 없는 간단한
랜딩페이지를 빠르게
구축하고자 한다면
간단한 **기술스택**을
고르는 게 좋다.

기술스택 (Tech Stack)

웹사이트나 앱을 만들기 위한 언어, 데이터베이스,
프레임워크의 집합을 의미하며, 항상 고정된 것이 아닌
프로젝트의 요구에 따라 기술스택은 달라진다.

마케팅 방향성을
정하는데 활용되는
팩트북엔
신빙성 없는 사건이나
정성적 자료는
지양하는 게 좋다.

팩트북 (Fact Book)

보통 광고나 홈페이지 구축에 쓰일 자료를 정리한 파일을
의미하며, 자사·경쟁사의 컨셉, 핵심 메시지, 특장점, 점유율
등 최대한 객관적 정보들로 구성된다.

KPI가
정량적 수치에
기반해
구체적으로 정해져야
실패해도
그 이유를 알 수 있다.

(35)

KPI (Key Performance Indicator)

기업 또는 기업의 특정 프로젝트에서 달성하고자 하는 핵심 목표를 의미하며, 목표 달성을 위해 실행했던 전략, 과업들을 평가하기 위한 기준이 된다.

수수료를
피할 수 있는
플랫폼 외부 거래의
존재를 알게 되자
월 구독 체제로
BM을 수정해 갔다.

BM (Business Model)

고객에게 가치를 제공하고 수익을 내는 구조를 의미하며,
이를 유지·성장시키는 과정에서 대내외적 상황을 고려해
수정이 필요한 경우도 있다.

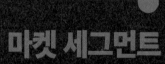

마켓 세그먼트

화상회의 툴
줌과
구글미트 메신저
잔디, 슬랙도
대표적인
SaaS 중 하나다.

SaaS (Software as a Service)

설치형 소프트웨어의 단점을 보완해 인터넷에 연결만
되어 있으면 접근 가능하게끔, 사용자 대신 소프트웨어를
관리 · 고도화해 주는 서비스를 의미한다.

50

과도한
가격 경쟁이나
담합 이슈가 있다면,
해당 시장은
레드오션일
가능성이 높다.

레드오션 (Red Ocean)

제한된 시장 점유율을 두고 수많은 업체들 간에 경쟁이
심화된 시장을 의미하며, 차별화된 마케팅 또는 저가
전략으로 경쟁 우위를 점하는 경우가 많다.

블루오션이더라도
자본을 앞세운
대기업 후발 주자와의
향후 경쟁에서
이길 수 있느냐가
관건이다.

블루오션 (Blue Ocean)

혁신적인 아이디어와 기술력을 바탕으로 새로이 개척한
시장으로, 경쟁 업체가 전무하기 때문에 시장 내 독점적
지위를 얻을 수 있는 기회가 되기도 한다.

버티컬플랫폼은 국내 대표 포털사이트가 놓친 문제점에 기반해 비즈니스 구조를 짜는 경우가 많다.

⑩

버티컬플랫폼 (Vertical Platform)

특정 관심사 고객 대상, 수직으로 깊게 파고들듯이 집중 공략하는 플랫폼을 의미하며, 포털사이트나 종합몰, 오픈마켓 등과는 반대되는 개념이다.

초창기
당근마켓에게
SOM은
판교 테크노밸리
중고거래
관심 고객이었다.

(41)

SOM (Serviceable Obtainable Market)

SAM 대비 작은 수익시장 규모를 추정하는 프레임워크로,
제품 또는 서비스를 바탕으로 '수익 확보 가능'한 1차 목표
시장을 의미한다.

판교에서 성공 시 당근마켓은 성남 지역 중고거래 시장을 **SAM**으로 설정, 사업을 확장할 예정이다.

SAM (Serviceable Available Market)

TAM 대비 작은 유효시장 규모를 추정하는 프레임워크로, 제품 또는 서비스를 '사용'할 수 있는 2차 목표 시장을 의미한다.

당근마켓의
최종 목표인
TAM은
수조 원 규모의
국내 중고거래
전체 시장이다.

(43)

TAM (Total Addressable Market)

잠재시장 규모를 추정하는 프레임워크로 궁극적으로
도달하고자 하는, 제품이나 서비스를 '제공'할 수 있는 3차
목표 시장을 의미한다.

개발 단계별 제품·서비스 구분

플랫폼 **프로토타입**을 보며, 핵심 기능 누락 여부와 디자인 방향성 등을 논의하며 개발 방향성을 확정했다.

프로토타입 (Prototype)

향후 개발 과정에서 발생할 수 있는 치명적 리스크를 최소화하고 대략적인 개발 방향성을 확정 짓기 위한 검증용 소프트웨어나 하드웨어 제품을 의미한다.

일반 유저 대상
공개 오픈을 앞두고,
개발자들 간
알파버전 테스트
결과에 대한
회의가 이어졌다.

알파버전 (Alpha Version)

미처 발견하지 못한 오류를 찾아내기 위해서 개발자들이
자체적으로 내부 테스트를 진행하는 단계의 소프트웨어나
하드웨어 제품을 의미한다.

베타버전에 대한 일반 유저들의 생생한 피드백은, 서비스 완성도 제고를 위한 힌트가 되었다.

베타버전 (Beta Version)

오류 테스트나 사용 경험 제고를 위해 일반 유저들에게
무료로 배포, 외부 테스트를 진행하는 단계의 소프트웨어나
하드웨어 제품을 의미한다.

광고 마케팅

지난 몇 달간
SEO 작업을 통해
웹사이트의 검색
순위를 향상시킨 결과,
더 많은 유저들이
유입되었다.

SEO (Search Engine Optimization)

웹사이트 내 콘텐츠·메타태그·타이틀·키워드 등 다양한
요소들을, 검색 결과 상위에 노출될 수 있도록 최적화시키는
마케팅 전략 중에 하나다.

잠재 고객이
유의미한 행동을
했을 때만 광고 비용이
지출되기 때문에
CPA 단가는
비교적 높은 편이다.

(48)

CPA (Cost Per Action)

온라인 광고를 통해 잠재 고객이 제품 구매, 구독, 설문조사 작성 등의 클라이언트가 설정한 특정 행위를 하면 광고비가 차감되는 방식이다.

잠재 고객이
더욱 반응하는
카피가
무엇인지는
A/B테스트를 통해
확인할 수 있다.

A/B테스트 (A/B Test)

온라인 광고 집행 시, 광고 콘텐츠 A와 B 중 잠재 고객의 특정
행동을 더 유도하는 시안이 무엇인지 테스트, 최적화하는
과정을 의미한다.

이미 확보된
리드가 신규 고객,
충성 고객으로 전환될
수 있도록 관리하는
것도 비용 효율
측면에서 중요하다.

리드 (Lead)

자사 제품이나 서비스에 비용을 지불할 가능성이 높은 잠재
고객을 의미하며, 체험판 다운 · 상담 신청 · 서비스 예약 등
보통 구매 여정 초기 단계에 있다.

구매하지 않고
떠난 96%의
잠재 고객을 다시
전환시키기 위해
리타켓팅 광고를
진행해야 한다.

리타겟팅 (Retargeting)

웹사이트나 앱을 방문했지만 예약·구매·구독 등으로
전환되지 않은 고객 대상, 특정 제품, 서비스를 상기시켜
재방문을 유도하는 광고를 말한다.

비용 효율 차원에서
이미 구매한
4%의
고객 대상으로는
디타켓팅하여
광고를 운영했다.

 디타겟팅 (De-targeting)

웹사이트나 앱을 방문해 예약·구매·구독 등으로 전환된
고객 대상으로 특정 제품, 서비스를 상기시켜 재방문 유도
광고하지 않는 것을 말한다.

뉴스레터 신규 구독자 유치를 위한 광고에 정보 탐색 비용 감소 측면의 **소구포인트**를 활용했다.

（53）

소구포인트 (Appealing Point)

고객이 특정 제품이나 서비스에 대해 매력을 느끼거나 구매 욕구가 생기는 포인트를 말하며, 새로운 정보 · 시간 압박 · 공포 등 다양한 유형이 있다.

14일
무료 체험판을
경험한 고객들이
대부분 만족해
액티베이션하는
편이다.

액티베이션 (Activation)

SaaS 스타트업에서 주로 사용하는 성과 지표 중 하나로,
잠재 고객이 서비스 무료 평가판을 사용하고 유료 고객으로
전환되는 정도를 의미한다.

신규 서비스
영상 광고 송출 후
인지도 확보에
속도를 내고자
PI도 병행할
예정이다.

PI (President Identity)

대외적 기업 가치 제고를 위한 평판 구축은 물론 조직 구성원 대상 충성심 견인을 위해, 리더 이미지를 전략적으로 만들어 나가는 모든 과정을 의미한다.

지금,
부동산 어플하면
머릿속에
맨 처음 떠오른
브랜드가
바로 **TOM**이다.

TOM (Top of Mind)

특정 시장 카테고리를 언급했을 때 고객이 가장 처음으로
떠올리는 브랜드를 말하며, 인지도 및 시장 점유율을 추정할
수 있는 지표가 된다.

운동을 즐기는
잠재 고객의
TPO를 고려해
신제품
광고 캠페인 컨셉을
변경했다.

TPO (Time Place Occasion)

고객 니즈에 부합하는 제품, 서비스를 개발하거나 특정
속성을 설득력 있게 마케팅 커뮤니케이션하기 위한 기준 중
하나, 시간 · 장소 · 상황 3요소를 말한다.

광고 캠페인 비용은 적게 들었는데 매출은 그대로라면 보통 **ROAS**가 증가했다고 볼 수 있다.

ROAS (Return on AD Spend)

광고 비용 대비 매출로, 특정 광고 캠페인의 실행이 수익에 미치는 효과를 측정하여, 지속 여부 또는 운영 고도화 방향성을 가늠하는 척도가 된다.

ARR은
구독 비즈니스의
재정 건정성과
서비스 확장 가능성에
대한 통찰을 주는
주요 지표 중 하나다.

(59)

ARR (Annual Recurring Revenue)

구독 또는 계약한 고객으로부터 연간 반복해서 발생하는
매출을 의미하며, 일회성 요금이나 반복되지 않는 수익원은
제외된다.

취미나
나이 · 성별 그리고
웹사이트상에서의
행동 패턴 등에 따라
다양하게 타겟
세그먼트를 정의한다.

세그먼트 (Segment)

사전적으로 분할, 구분 등을 뜻하고 광고나 마케팅 영역에서
쓰일 때는 일반적으로 정량화할 수 있는 같은 속성을
공유하는 그룹을 의미한다.

신규 론칭한 러닝화의
고객 **페르소나**는
스포츠를 좋아하고
서울에 홀로 거주
중인 30대
여성으로 설정했다.

61

페르소나 (Persona)

제품 또는 서비스를 구매할 가능성이 높은 고객의
유형이나, 고객을 대표하는 가상의 인물을 뜻하며,
취미 · 성별 · 나이 · 소득 등의 정보들로 구성돼 있다.

투자금 회수를 위해 게임 회사 입장에서는, 캐주얼 게임 대비 **ARPU**가 높은 RPG 게임 개발에 열을 올리는 경우가 많다.

ARPU (Average Revenue Per User)

유저 1명이 월마다 지출한 평균 금액을 의미하며, 특히 게임 업계에서는 소위 '아이템'에 따라 만족감이 높아지는 게임일수록 ARPU가 높은 편이다.

쿠팡이 회원 대상으로 로켓 배송·멤버 할인·OTT·반품 서비스 등 무료 혜택을 제공하는 것은 **LTV** 극대화 전략의 일환이다.

⓺⓷

LTV (Life Time Value)

1명의 고객이 서비스 진입부터 이탈까지의 전체 활동 기간 동안 누적해서 발생시키는 기대 수익으로, 쉽게 말해 카페에서 발행하는 쿠폰도 LTV 극대화의 그 예가 된다.

최근,
광고 비즈니스를
시작한 넷플릭스는
사용자 수 증대를
목표로 **CAC**를 더
늘릴지 고민 중이다.

CAC (Customer Acquisition Cost)

잠재 고객을 유료 고객으로 유인하고 전환하는 데 필요한
자원과 노력의 총 비용을 의미하며, 기존 고객 유지 · 관리
비용과는 다른 개념이라고 볼 수 있다.

매일 아침 8-10시 2시간 동안만 검색 포털 메인에 노출되는 배너는 수천만 원에 달하는 비싼 **CPT** 중 하나다.

CPT (Cost Per Time)

입찰 경쟁률 등에 따라 지출 비용이 달라지는 CPC와 달리, 노출 시간당 광고 비용이 정해져 있는 광고 상품으로 프로모션 홍보용으로 많이 사용된다.

광고가
실제로 사용자에게
노출되어도
클릭하지 않으면
비용이 지출되지
않는 게 **CPC**다.

CPC (Cost Per Click)

광고 콘텐츠 클릭 수에 따라 비용이 지출되는 방식으로,
실시간 경쟁 입찰에 의해 노출되기 때문에 CPT와 달리
CPC는 고정되어 있지 않다.

광고가 클릭 된
횟수는 높았지만
CVR이 낮아
상세페이지 내
회원 가입 시 혜택을
더욱 강조했다.

CVR (Conversion Rate)

광고 클릭 대비 전환율 즉, 전환된 횟수를 광고 클릭 수로
나눈 값으로 여기서 전환이란 구매, 앱 다운로드, 회원 가입 등
캠페인 목적에 따라 정하기 나름이다.

빙의 **DAU**가 1억 명을 돌파하자 마이크로소프트는 광고 수익 모델을 검토하기 시작했다.

(68)

DAU (Daily Active User)

서비스에 방문한 사용자 중 중복되는 사용자를 배제한 일일 순 방문자 수를 의미하며, 보통 DAU가 증가할수록 광고 수익이 증가한다.

쇼핑몰 고객 대상 AOV를 높이기 위해 특정 금액 이상 구매 시, 사은품 제공이라는 이벤트를 진행했다.

(69)

AOV (Average Order Value)

E-커머스에서 특히 중요한 성과 지표 중 하나로, 유저가 홈페이지·앱에서 상품이나 서비스를 주문할 때 평균적으로 지출하는 금액을 의미한다.

연말연시 이슈를
활용한
신규 고객 유치
경쟁이 치열해지면서
CPI가
증가하기 시작했다.

⑳

CPI (Cost Per Installation)

광고 콘텐츠를 통해 잠재 고객이 앱을 설치했을 때 비용이
지출되는 방식으로, 회원 가입 등의 이전 단계인 서비스로의
'진입'에 우선 초점을 둔다.

무효 · 부정 클릭이 많거나 클릭 단가가 높다면 **CTR**이 높을지라도 광고 성과가 성공적이라 볼 수 없다.

(71)

CTR (Click Through Rate)

광고 콘텐츠가 클릭 된 횟수를 게재된 횟수, 즉 노출수로 나눈 값으로 예를 들어 클릭 수가 5회, 노출수가 100회인 경우 CTR은 5%가 된다.

GA는
마케팅 실적이나
웹사이트 경험을
제고하기 위한
정량적 근거
데이터를 제공한다.

(72)

GA (Google Analytics)

구글에서 무료로 제공하는 웹로그 분석 툴로, 구글의 통계 및 머신러닝 기술을 활용해 웹사이트 및 애플리케이션 방문자들의 행동 데이터를 분석한다.

디자인

플랫폼 구축 시
뎁스가 너무 깊으면
고객 입장에서
예약 · 결제 등 최종
행동에 도달하기까지
단계가 많아진다.

 73

뎁스 (Depth)

플랫폼 · 홈페이지 등 서비스 화면의 깊이를 뜻하며, 0뎁스인
메인을 기준으로 메뉴 · 카테고리에 따라 1뎁스, 2뎁스 등으로
깊이를 달리해 설계한다.

AI 카피라이팅 서비스를 제공 중인 뤼튼 홈페이지에 '무료 체험판 1주일 이용하기'라는 **CTA**가 있었다.

 74

CTA (Click to Action)

잠재 고객의 유료 고객화를 유도하기 위해 '자세히 보기', '첫 방문 무료 체험하기', '100원에 구매하기' 등 특정 행동을 유도하는 배너 혹은 버튼을 말한다.

포스터나
명함 같은
인쇄물 작업은
반드시
CMYK 모드로
작업해야 한다.

CMYK (Cyan · Magenta · Yellow · blacK)

인쇄 디자인에 사용되는 4가지 기본 색상 Cyan, Magenta, Yellow, blacK을 말하며, RGB 대비 구현할 수 있는 색의 수가 적은 편이다.

온라인상에
업로드 되는
배너나 카드 뉴스
등의 콘텐츠는
RGB 기반으로
작업된다.

(76)

RGB (Red · Green · Blue)

디지털 디자인에서 사용되는 3가지 기본 색상 Red, Green, Blue를 말하며, CMYK 대비 색 표현의 영역이 넓어 더 선명한 이미지를 만들 수 있다.

웹상에선
일반적으로 72
인쇄물은
300dpi로
해상도를
설정하는 편이다.

해상도 (Resolution)

디지털 이미지의 선명도를 나타내는 값으로 dpi라는 단위로
표현되며, 해상도가 높다는 것은 인치당 점의 개수 즉, 픽셀이
많아 선명함을 의미한다.

웹사이트 탑 메뉴
즉, **GNB** 맨 왼쪽엔
강조하고 싶은
제품이나 서비스
관련 카테고리명이
노출된다.

(78)

GNB (Global Navigation Bar)

웹사이트에서 항상 표시되는 메인 메뉴를 말하며, 주로
웹사이트 상단 혹은 좌측에 고정으로 위치하며 바, 탭,
드롭다운 메뉴 등의 형태로 제공된다.

빠른 배달이란 강점을 효율적으로 전달하기 위해 번개, 치타 등의 **메타포**를 활용한다.

메타포 (Metaphor)

하나의 대상을 잘 묘사하기 위해 환기시키는 또 다른 상징적
대상을 말하며, 두 대상은 서로 다른 범주에 속해 있지만 어느
정도 연상적 타당성이 있다.

가독성 높고
예쁜 디자인 뒤엔
우리가 모르는
논리 즉,
하이어라키가
숨어 있다.

(80)

하이어라키 (Hierarchy)

전체적인 텍스트의 볼드·자간·컬러부터 오브젝트의 배치나
볼륨까지 심미적 완성도를 위해 철저히 지켜지는 디자인 요소
간의 위계, 규칙을 말한다.

카피와 어울리는
오브젝트를
배치해야
광고 메시지를
효과적으로
전달할 수 있다.

오브젝트 (Object)

디자인을 구성하는 요소 중 텍스트 형태의 카피나 보통
최하단에 배치되는 배경이 아닌, 특정 이미지 덩어리를
말하며 메시지 전달의 윤활유 역할을 한다.

상세페이지 내 상하좌우 **마진**을 어느 정도 줘야 고객 입장에서 시각적 답답함을 느끼지 않는다.

마진 (Margin)

시각적 답답함을 해소하고 메시지를 전달받는 수신자 대상으로 가독성 제고를 위해, 상하좌우 또는 시각적 요소들 간에 두는 빈 공간을 의미한다.

최근엔
디자인적
추임새 요소로
많이 활용되는
폰트가
바로 **세리프다.**

세리프 (serif)

사전적으로는 폰트 끝 처리 시 적용되는 가는 장식선을
의미하며, 사람의 필기체에 가까운 것이 특징이고 보통
명조라 불린다.

디지털에
최적화된 폰트 유형인
산세리프는
웹상에서
제목, 본문 등에
가장 많이 사용된다.

(84)

산세리프 (Sans-serif)

프랑스어로 없음을 의미하는 Sans가 붙어 폰트 끝의 가는
삐침 처리 없이 깔끔하게 떨어져 가독성이 높은 것이
특징이며, 보통 고딕이라 불린다.

두 개의
이미지 요소를
합성할 때
오퍼시티를
잘 적용해야
어색해지지 않는다.

오퍼시티 (Opacity)

디자인의 심미적 완성도를 높이기 위해 조절하는 특정 요소의
불투명도를 말하며, 이 값을 낮출수록 특정 대상의 투명도가
높아진다.

단색의
색감만을 활용하다
그라디언트로
변주를 주면
콘텐츠 피로도가
줄어드는 편이다.

 86

그라디언트 (Gradient)

색상 A에서 B로 점진적으로 변화해 가는 형태의 디자인
용어로, 대비 또는 유사 색상들을 조합하여 단색 대비 시각적
풍부함을 제공한다.

디자인의
완성도는 물론
가독성 차원에서도
텍스트의
레딩 체계는
매우 중요하다.

레딩 (Leading)

줄 사이의 간격을 말하며, 전달하려는 메시지의 호흡을
조절하거나 텍스트 간의 구조적·심미적 완성도와 전체적인
가독성을 높이는 역할을 한다.

헤드카피엔
고객에게
전달하고자 하는
핵심 메시지가
반드시
포함되어야 한다.

(88)

헤드카피 (Head Copy)

중요도가 가장 높은 핵심 카피로, 짧은 순간에 제품, 서비스에
대한 설득적 메시지를 전달해야 하기에 시선을 끄는 단어들로
조합하는 것이 중요하다.

바디카피는
핵심 메시지를
뒷받침해 주는
근거 요소나
부가적인 설명들로
구성된다.

89

바디카피 (Body Copy)

헤드카피를 뒷받침하는 보조적인 카피로, 제품이나 서비스가
전달하고자 하는 혜택이나 가치, 또는 특유의 분위기나
스토리가 전달되기도 한다.

자료 출처나 법적 고지문 등의 **캡션**이 때론 디자인의 완성도를 높여 주는 요인이 된다.

캡션 (Caption)

가독성을 고려하는 과정에서, 헤드카피와 바디카피 내 불가피하게 담지 못한 제품이나 서비스의 필수 정보나 추가적인 정보를 말한다.

푸시 알람 등
모바일 기능을
최대치로
활용할 수 있다는
점이 **네이티브앱**의
장점 중 하나다.

91

네이티브앱 (Native Application)

안드로이드나 iOS 등 모바일 운영 체제에 최적화된 앱을
말하며, 웹으로는 접속이 불가해 플레이스토어, 애플
앱스토어를 통해 다운로드해서 이용해야 한다.

PC나
모바일에서도
동일한 콘텐츠를
경험을 할 수
있다는 게
웹앱의 장점이다.

웹앱 (Web Application)

반응형 웹사이트라고도 하며, 앱이 아닌 웹이라 URL
기반으로 유입과 공유가 쉽고 모바일 기종이나 단말기에
상관없이 동일한 콘텐츠를 경험할 수 있다.

URL 기반이라 접근이 쉬우면서 앱의 디자인, 사용 경험 또한 가져가고 싶다면 **하이브리드앱**을 제작하는 게 좋다.

93

하이브리드앱 (Hybrid Application)

네이티브앱과 웹앱의 모바일 사용 경험과 용이한 접근성을
벤치마킹한 것으로, 웹 기술 기반이지만 앱에 적용되는 API와
연동해 기능성도 높일 수 있다.

조직 구성원

UX 개선을 위한 회의 자리에서 **CTO**가 실리콘밸리의 소프트웨어 기술 동향을 공유했다.

94

CTO (Chief Technology Officer)

비즈니스 목표 달성을 위해 소프트웨어나 하드웨어 제품의 기술적 고도화를 총괄하는 최고 기술 책임자로, 관련 인프라나 개발팀을 관리하고 전략을 제시한다.

객관적인 의사 결정을 위해 **CEO**는 개발 및 재무부터 마케팅, 디자인까지 다방면 지식을 고루 갖추고 있어야 한다.

CEO (Chief Executive Officer)

조직이나 기업의 이익을 극대화하기 위한 전략 수립 및
실행을 총괄하는 최고 경영자로, 내부 경영진들과 협력하여
다양한 의사 결정을 내린다.

증권거래소
상장 절차를 경험,
성공시켜 본
타 스타트업 출신
인재를
CFO로 영입했다.

96

CFO (Chief Financial Officer)

회계 · 세무 · 예산 등 조직의 재무를 관리하는 최고 재무
책임자를 말하며 상장, 인수 합병, 투자 유치, 자금조달 등의
전략적 재무 의사 결정도 지원한다.

신규 회원 수
1만 명 달성을 위한
이벤트 및 광고
전략 회의가
CMO의 리드하에
진행됐다.

CMO (Chief Marketing Officer)

기업 자체, 창업자 그리고 제품이나 서비스의 브랜딩,
광고전략, 이벤트 기획 등 마케팅 성과를 향상시키는 모든
일을 주도하는 최고 마케팅 책임자를 말한다.

시제품 개발에
속도를 내기 위해
COO가
새로운
커뮤니케이션 툴을
사내에 도입했다.

98

COO (Chief Operating Officer)

조직 내 생산성 개선, 비즈니스 성장을 위한 전반적인 경영
전략과 실행을 지원하는 최고 운영 책임자를 뜻하며, 주로
CEO의 경영 전략 실현을 지원한다.

신규 서비스
론칭 광고를 위해
빅모델 및 촬영
컨셉 관련하여
키맨들과
회의를 진행했다.

키맨 (Key Man)

투자자를 비롯하여 의사 결정권이 있는 사람, 전문가, 파트너, 인플루언서 등과 같이 스타트업의 성장과 발전에 영향을 크게 미치는 사람을 일컫는다.

자금조달 관련

시장의 변화를 예측해
성장 가능성이 있는
스타트업에
잘 투자하는 것이
벤처 캐피탈에겐
매우 중요한 사안이다.

벤처 캐피탈 (Venture Capital)

신생 기업이나 창업자에게 지분 투자 등의 형태로 자금을
제공하고 성장시켜, 추후 IPO 혹은 M&A 등의 방식으로
재무적 이익을 얻는 투자 기관을 말한다.

이미 성장한 스타트업 대상으로 투자하는 VC 대비, **엑셀러레이터**는 초기 스타트업의 빠른 성장을 돕는 편이다.

101

엑셀러레이터 (Accelerator)

초기 스타트업의 BM 개선·MVP 개발·고객 유치 등 특정 마일스톤을 빠르게 달성할 수 있도록 멘토링·네트워킹 형태로 성장을 지원하는 기업을 의미한다.

IPO 시장이 얼어붙자 은행이나 벤처 캐피탈과 같은 **재무적 투자자**들의 자금 회수에 빨간불이 켜졌다.

재무적 투자자 (Financial Investor)

스타트업의 경영·비즈니스 운영에는 거의 참여하지 않고, 이자나 배당금, 투자 후 차익 또는 자금 회수를 목표로 자금을 조달해 주는 투자자를 말한다.

국내 제약사들이
전략적 투자자로
나서면서 국내
비상장 스타트업들의
숨통이 틔기
시작했다.

전략적 투자자 (Strategic Investor)

투자금 회수를 목적으로 하는 FI와 달리, 경영, 비즈니스,
마케팅 등 전략적 시너지를 내기 위해 특정 스타트업에
투자하는 기업을 말한다.

GP는
투자자와 스타트업의
이익을 동시에
고려하는
최선의 결정을 내리는
역할을 수행한다.

GP (General Partner)

비공개적으로 소수의 투자자로부터 자금을 조달해 펀드를
결성 후, 스타트업 발굴부터 투자 전략 수립 및 운영
관리까지의 업무를 담당하는 전문가를 말한다.

일반적인
벤처 캐피탈과 달리
CVC의 경우
대기업의
인프라 지원도
기대할 수 있다.

CVC (Corporate Venture Capital)

대기업이 출자하여 만든 투자기관으로, 재무적 이익과 더불어
신기술 개발·인적 자원 관리 비용 절감 등 전략적 시너지를
감안해 M&A에 나서기도 한다.

실리콘밸리 1호
한국 유니콘 대표가
스타트업들에게
엔젤 투자는 물론
성공 방정식을
이식할 예정이다.

엔젤 (Angel Investor)

기술력은 확보했으나 자금이 부족한 창업 초기 스타트업에
갑작스럽게 나타나 자금 지원은 물론, 경영·마케팅 등의
지도를 해 주는 개인 투자자를 의미한다.

일반인들의
투자 자금도 조달하여
인지도 · 시장 점유율을
더 확대하고자
하는 것이 **IPO**의
목적 중 하나다.

IPO (Initial Public Offering)

비상장 기업의 주식을 일반 투자자도 구매할 수 있게
거래소에 공개하는 것으로, 법적 테두리 안에서 투명성과
신뢰성을 증가시키는 계기가 되기도 한다.

내적 성장의
한계를 극복하고
기존 사업과의
시너지를 내고자
AI 분야 스타트업
M&A에 투자 중이다.

M&A (Merger and Aquisition)

조직이 개편되고 회계도 하나로 통합되는 합병과, 두 회사가
그대로 존속하면서 조직 · 회계 · 지배 구조 또한 변하지 않는
인수가 결합된 투자 전략의 일종이다.

첫 **시리즈 투자**로 확보한 자금은 얼리어답터를 넘어 신규 고객 유치를 위한 광고 캠페인에 쓰일 예정이다.

시리즈 투자 (Series Investment)

자금조달 방식 중 하나로, 보통 시장 검증을 마친 제품이나 서비스 기반의 유망한 스타트업 대상으로 기관 투자자들이 거액의 규모로 투자한다.

2017년도
미국 블록체인 기반
스타트업에게
가장 인기 있던
자금조달 방식 중
하나가 **ICO**다.

ICO (Initial Coin Offering)

가치 상승이 예상되는 신규 코인이나 토큰을 최초 발행하고,
이를 투자자들에게 판매해 자금을 확보하는 방법을 말한다.

시제품 개발에 착수하려는 스타트업에게 있어 주요 자금조달원은 바로 정부 **지원금**이다.

지원금 (Grant)

기업, 투자자, 비영리 단체 또는 정부 기관이 스타트업 등의
피투자자 지분을 취득하지 않고 지원하는 자금을 의미한다.

EF 방식의 자금조달이 가능했던 이유는 상장 뒤 차익 실현이 가능할 거란 벤처 캐피탈의 확신 때문이었다.

(112)

EF (Equity Financing)

성장 가능성이 높은 비상장 기업이 보통주·우선주 등과 같은 자기 주식을 벤처 캐피탈, 대기업, 엔젤 투자자에 매각하여 투자금을 유치하는 방식이다.

패션 스타트업은
안정적이고
일관된 브랜드 경험
설계를 위해
DF 방식으로
자금을 조달했다.

DF (Debt Financing)

비즈니스 운전 자본이나 목표 기업 인수 자금조달을 위해
받는 금융 대출을 의미하며, 경영 등에 대한 외부 간섭 없이
사업에 집중할 수 있다는 게 특징이다.

스타트업의
시드 투자유치 소식은
새로운
고객 Needs와
솔루션을
발견하는 계기가 된다.

시드 (Seed Money)

아이디어 구현 또는 비즈니스 초기 단계에 필요한 최소한의
자금을 의미하며, 친구·가족의 지원이나 크라우드 펀딩을
포함한다.

스타트업 투자 위해 정부 출자금으로 구성된 **모태펀드** 예산이 삭감돼 벤처 캐피탈 자금 시장 또한 경색됐다.

모태펀드 (Fund of Funds)

자산 운용사가 직접 투자하는 것이 아닌, 지분·주식·채권 등에 투자하기 위해 조성된 펀드에 재투자하기 위해 구성된 펀드를 말한다.

정부 주도의 **세컨더리펀드**가 형성되면서 벤처 캐피탈에겐 투자금 중간 회수 기회가 생겼다.

세컨더리펀드 (Secondary Fund)

스타트업에 직접 투자하는 방식이 아닌 벤처 캐피탈, 엔젤, 사모펀드 등 투자 주체가 보유한 주식이나 지분을 매입하는 펀드를 말한다.

청정 에너지
관련 스타트업들은
프로젝트펀드로
신기술 상용화를
사용성 테스트
연구에 돌입한다.

프로젝트펀드 (Project Fund)

일반적으로 특정 산업 섹터에서 혁신적 기술이나 사업 모델을
개발하거나 선도적 위치를 점유하기 위한 목적으로 집중
투자되는 펀드를 말한다.

펜션펀드는
안정된 노후 자금
마련을 위해
조성된 펀드인 만큼
철저하게 안전한
곳에 투자된다.

펜션펀드 (Pension Fund)

연금 기금, 연금 제도에 의해 모인 자금으로 구성된 펀드를
말하며, 국민연금기금, 사학연금기금, 공무원연금기금 등이
여기에 해당한다.

일반적으로
사모펀드의
투자 대상은
초기 스타트업보다는
어느 정도 성숙한
기업이 대상이다.

사모펀드 (Private Equity Fund)

소수의 고액 투자자로부터 자금을 조달하여 조성된 펀드로
기업의 지분을 매입, 경영 참여를 통해 가치가 높아진 기업을
되팔아 수익을 남기는 게 특징이다.

부동산, 금, 채권에 투자하던 **헤지펀드** 거물들이 스타트업을 투자 대상으로 삼기 시작했다.

헤지펀드 (Hedge Fund)

각종 규제·세금 리스크로부터 도망칠 수 있는 울타리 즉 '헤지' 내에서 스타트업 등 수익성을 높일 수 있는 모든 자산을 투자 대상으로 설정하는 펀드를 말한다.

보통주

보유 비율만큼 임원 선임이나 기타 의결 사항 등 경영에 영향을 미칠 수 있다.

보통주 (Common Stock)

일반적으로 가장 많이 발행되는 주식으로, 특별한 권리 내용은 없지만 주식 보유 비율만큼 주주 총회에 참석해 의결권을 행사할 수 있는 주식을 말한다.

경영권이 분산되고
약해지는 리스크 없이
자금을 확보할 수
있다는 게
우선주 발행의
장점이다.

우선주 (Preferred Stock)

의결권은 없지만 회사가 이익을 배당할 때나 경영의
어려움으로 청산하게 될 경우, 타 주식보다 먼저 배당 배분을
받을 권리를 갖는 주식을 말한다.

SAFE는
자료가 부족해
가치 산정이 어려운
초기 스타트업에게
적합한 실리콘밸리식
투자 기법이다.

SAFE (Simple Agreement for Future)

일종의 지분 인수 권리를 담은 증서로, 스타트업에 우선
투자하고 후속 투자자들의 가치 평가와 연동해 주식의
지분량과 가격을 확정 짓는 투자 계약이다.

투자자에게 **리픽싱**은
추가 지분 확보라는
기회이지만,
창업자에게는
지분 감소의 요인으로
작용한다.

리픽싱 (Refixing)

스타트업의 투자 유치 과정에서 투자자와 협상해 주식당 단가
등을 조정하는 것으로, 초기에 제시된 가격·가치가 계약
당시보다 낮을 때 이루어진다.

투자 계약 전에
미리 만들어 둔
텀시트를 바탕으로
디테일한
투자 계획을
수립할 수 있었다.

텀시트 (Term Sheet)

투자 금액·주식 수·지분율 등 투자 조건이 명시된
스타트업과 투자자 간의 투자 계약서 초안으로, 이후
계약서의 상세한 조건을 확정하는 데 사용된다.

로레알에 지분
100%를
6,000억에 매각한
스타일난다의
엑시트 사례는
아직도 회자된다.

엑시트 (Exit)

벤처 캐피탈 등의 투자 기관이나 창업자들이 자신들이 투자한
혹은 창업한 비즈니스에서 IPO나 M&A 등의 방식을 통해
지분을 매각, 사업에서 이탈함을 의미한다.

플랫폼 UX 개선에
필요한 자금 확보
차원에서 최근
투자자 대상 **IR** 하며
바쁜 나날을
보내고 있다.

IR (Investor Relations)

투자자와 신뢰를 쌓는 재무·사업 성과 보고 등의 모든 활동을
의미하며, 보통 스타트업에게는 신규·후속 투자 유치를 위한
프레젠테이션을 의미한다.

새로운
투자 라운드에서
발생하는
지분의 변화를
추적하는 데
캡테이블이 사용된다.

캡테이블 (Capitalization Table)

주로 스타트업 업계에서 투자자와 창업자 간의 지분 구조나
총 발행 주식 수 그리고 매수가·매도가 등의 거래 기록을
요약한 표를 의미한다.

상장을 위한
첫 번째 단계,
기업 공개
주관사 선정을 위해
주요 증권사에
RFP를 배포했다.

RFP (Request for Proposal)

수요자가 공급자 대상, '제안'해 줄 것을 '요청'하는 문서로
원하는 제품·서비스에 대한 요구 사항들이 구체적이고
명확하게 명시되어야 한다.

스타트업 인수에 **LBO** 방식을 채택한 대기업이 가파른 금리 상승기를 맞아 손해 볼 위기에 처했다.

LBO (Leveraged Buyout)

피인수 기업의 자산이나 미래 현금 흐름 등을 담보로 금융 기관에게 돈을 빌려 M&A 하는 것을 말하며, 자기 자본 투입을 최소화할 수 있다는 것이 특징이다.

동일한 투자 유치
금액이더라도
프리밸류가 낮을수록
투자자의 지분율은
높아지고, 대표자의
지분율은 낮아진다.

프리밸류 (Pre-Money Valuation)

투자 유치 전 스타트업의 가치로, 예를 들어 프리밸류 100억 원에 30억 원의 투자를 받기로 했다면, 투자자가 얻는 지분은 23.07%(30억/130억)이다.

투자 유치 시
기준점이
프리밸류인지
포스트밸류인지
커뮤니케이션을
명확히 해야 한다.

포스트밸류 (Post-Money Valuation)

투자 유치 후 스타트업의 가치로, 예를 들어 포스트밸류
100억 원에 30억 원의 투자를 받기로 했다면, 투자자 지분은
30%(30억/100억)이다.

투자자들의 업계에 대한 **BEP** 달성 요구가 강화되자, 신규 사업에 적극 투자하던 패션 업계가 고심에 빠졌다.

BEP (Break-even Point)

일정 기간 수익(+)과 비용(-)이 같아서, 이익도 손해도 생기지 않는 지점 즉 손익 분기점을 말하며, 비즈니스의 수익성을 예측하는 기준점이다.

저금리로
투자 받기 쉬워지면서
특정 섹션 기업의
밸류에이션이
올해를 기점으로
급격히 증가했다.

밸류에이션 (Valuation)

재무 상태 및 시장 상황 등에 따라 기업 자체 또는 보유 자산에
매겨진 가치를 말하며, 스타트업이 자금조달 시 투자 금액과
지분을 결정짓는 기준이 된다.

EBITDA로
외부 자금조달 없이도
이자 지급 및 원금 상환,
투자 지출 등에
사용 가능한 금액을
가늠할 수 있다.

EBITDA (Earnings Before Interest/Taxes/Depreciation/Amortization)

이자, 세금, 감가상각비, 무형 자산 상각비를 제외한 기업의
영업 이익이나 순이익을 말하며, 현금 흐름을 측정하거나
재무 상태를 평가하는 지표 역할을 한다.

지금도 고군분투하고 있을 세상의 모든 대표님들,
비즈니스 성공을 응원합니다.

저자 소개

Works

KOSME(청창사) 스타트업 MVP 검증용 원페이지 웹 구축 프로젝트
TIPS 선정 스타트업 광고매체별 콘텐츠 제작 프로젝트
Wadiz 어워드 수상 브랜드 홈페이지 리뉴얼 프로젝트
에너지 스타트업 브랜딩, 홈페이지 구축 및 블로그 운영 프로젝트
송파·서초 법률사무소 및 법무법인 홈페이지 구축 프로젝트
국내 네트워크 피부과 비쥬얼·영상 광고콘텐츠 제작 프로젝트
강남·서초·판교 치과의원 브랜딩·홈페이지·광고콘텐츠 구축 프로젝트

Website

스타트업 투자유치 동향 아카이브 leeandnote.co
마켓 트렌드 리포트 아카이브 leeandnote.shop
블로그 blog.naver.com/leeandnote

Education

중앙대학교 광고홍보학과

비즈니스 사고의 근육을 성장시키는
스타트업 핵심 용어 135가지

ⓒ 이무중, 2024

초판 1쇄 발행 2024년 2월 1일

지은이   이무중
펴낸이   이기봉
편집   좋은땅 편집팀
펴낸곳   도서출판 좋은땅
주소   서울특별시 마포구 양화로12길 26 지월드빌딩 (서교동 395-7)
전화   02)374-8616~7
팩스   02)374-8614
이메일   gworldbook@naver.com
홈페이지   www.g-world.co.kr

ISBN   979-11-388-2710-2 (03320)